COMMISSAIRES-PRISEURS DE ROUEN

NOTICE
D'OBJETS D'ART

ET

DE HAUTE CURIOSITÉ ARCHÉOLOGIQUE

PROVENANT DU CABINET

D'UN AMATEUR NORMAND

COMPRENANT

Beaux Ivoires des XIe, XIVe et XVIe siècles
Chenets du XVIe siècle
Bois sculptés et Coffrets en ferronnerie, écaille et argent
des XVIe, XVIIe et XVIIIe siècles
Faïence de Rouen d'époque Louis XIV ; Cartel de Strasbourg
d'époque Louis XV ; beau Plat d'Urbino
Terres cuites vernissées de Pré-d'Auge ; Meuble Henri II
Armes et Ferronnerie du XVIe siècle ; Tapisserie de Flandre
et autres objets rares et précieux

DONT LA VENTE AURA LIEU

Le Lundi 17 Janvier prochain, à 1 heure de l'après-midi,

EN L'HOTEL DES VENTES, RUE DES CARMES, 85

EXPOSITION PUBLIQUE

Le Dimanche 16 Janvier, de 2 à 4 heures de l'après-midi.

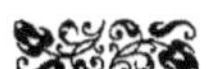

ROUEN

IMPRIMERIE NOUVELLE PAUL LEPRÊTRE

1er *Janvier 1887.*

CONDITIONS DE LA VENTE

—

Elle sera faite expressément au comptant ; les acquéreurs paieront dix pour cent en sus du montant de l'adjudication applicables aux frais.

Le Commissaire-Priseur, chargé de la vente, se réserve la faculté de réunir ou diviser les lots ; les tares et défauts seront annoncés à chaque mise en vente des objets.

Toute réclamation, visant l'authenticité ou l'état des objets vendus, devra être faite dans les vingt-quatre heures de la vente, passé lequel délai elle ne serait plus admise.

En cas de contestation sur une matière, l'objet sera immédiatement remis en vente.

Aucun objet ne sera retiré avant la vente ou vendu à l'amiable.

L'ordre numérique du catalogue pourra ne pas être suivi.

Pour toute enchère supérieure à deux mille francs, il sera loisible au Commissaire-Priseur de demander une caution si l'enchérisseur ne lui est personnellement connu.

Les objets vendus seront livrés le lendemain de la vente, à partir de huit heures du matin.

Tout objet qui n'aurait pas été retiré ou soldé le dit jour, avant midi, pourra être remis en vente aux risques et périls de l'adjudicataire.

—

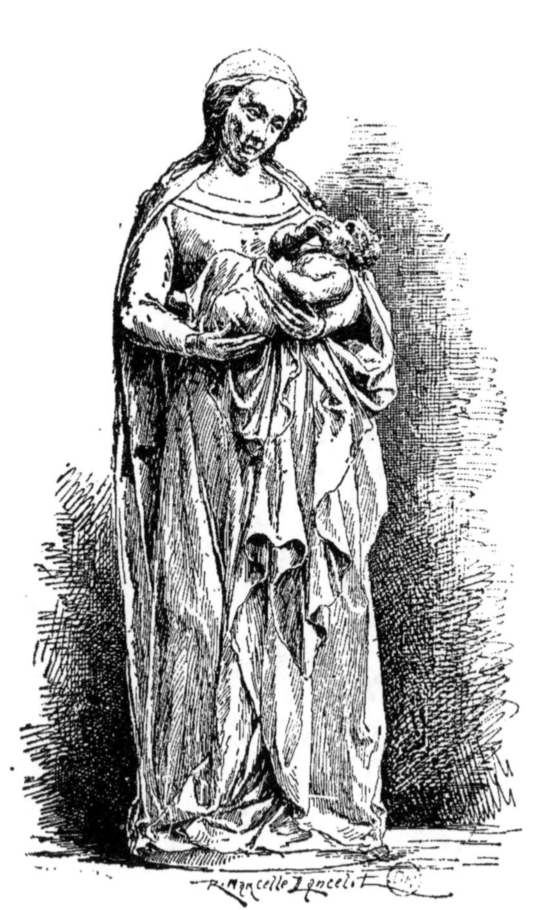

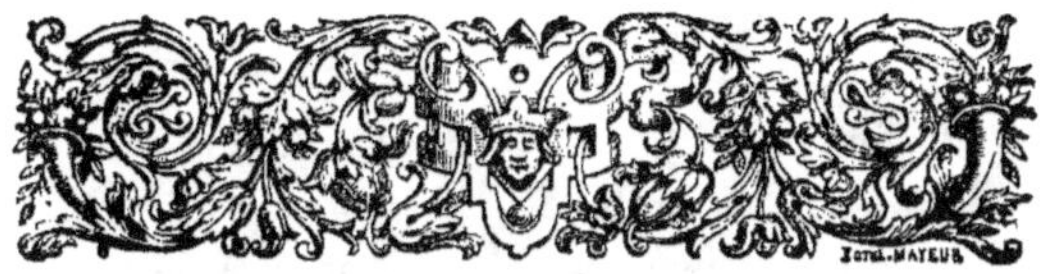

IVOIRES

VIERGE A L'ENFANT

IVOIRE du XIVe siècle, hauteur 0^m41. La mère du Christ est représentée avec le corsage collant et les manches ajustées de l'époque; la robe tombe jusqu'à terre en larges plis dessinant les hanches et le genou droit infléchi en avant; une cordelière posée sur la poitrine retient un manteau qui se drape derrière les épaules; les cheveux se répandent abondants sur le dos, serrés au front par un étroit bandeau; les bras légèrement écartés du corps soutiennent le Christ placé dans une pose méditative, et la tête de la Vierge se baisse inclinée du côté gauche regardant l'enfant Dieu.

Avec un raffinement de poésie mystique, bien rare à cette époque, où les canons de la statuaire religieuse étaient fixés par des règles invariables, l'artiste, au lieu de nous représenter la Vierge couronnée et le Christ bénissant dans une attitude imposante, a voulu nous montrer la mère aimante, la simple femme contemplant son enfant, tout en nous faisant sentir par la pose réfléchie et l'expression méditative de ce dernier, qu'un drame se cache sous cette quiétude, que déjà la pensée de l'enfant Jésus est à sa grande mission et à sa fin terrible, que la mère inconsciamment heureuse sera bientôt plongée dans les plus cruels malheurs.

A quel tailleur d'images est dû ce merveilleux morceau ?
Les archives de l'abbaye de Saint-Victor, près de laquelle
cette Vierge a été trouvée et celles du prieuré de Valmont
au trésor duquel la tradition veut qu'elle ait été ravie, sont
muettes à cet égard. Cependant, les bons moines n'ont pas
confié au premier venu un pareil morceau d'ivoire, marchan-
dise alors aussi rare et précieuse que l'or, et l'homme qui
a conçu le poème religieux renfermé dans ce groupe, qui a
fait vivre sous son ciseau la matière inerte, de façon à ce
que cinq siècles n'aient pas altéré la grande allure de son
œuvre, était un maître qui n'a pas dû passer inaperçu.

Si quelque généreux donateur eût rapporté cette Vierge
de ses voyages lointains, pour exécuter un vœu, ou en
doter, à titre gracieux, le trésor des moines, son nom eût
été inscrit sur le livre d'or de la communauté parmi les
contrats de rente et les fondateurs d'œuvres pies ; nous y
trouverions les remerciements du prieur, l'indication de la
provenance et probablement le nom du maître sculpteur
qui l'a vendue, mais ici rien encore.

Aussi, laissons-nous la parole au savant conservateur du
musée de Cluny qui, lors de l'exposition rétrospective
rouennaise de 1861, s'est arrêté à cette œuvre d'art, l'a
cotée et jugée avec cette haute compréhension artistique et
cette finesse de critique qui font de M. Darcel l'autorité
archéologique la plus incontestée de notre époque.

« Nous avouons que la Vierge en ivoire nous intrigue fort.
« Cette Vierge, exposée par M. Legentil, est bien du
« quatorzième siècle par son vêtement dessinant la taille,
« par ses manches fermées d'un rang de boutons à l'avant-
« bras, par l'attache du manteau, par le style des plis ;

« mais elle s'en éloigne entièrement par l'expression de la
« physionomie, par l'abondance des cheveux et par la façon
« dont l'enfant Jésus est couché sur ses bras. En France,
« au quatorzième siècle, la Vierge nous est montrée
« comme le serait une religieuse aux pudiques draperies :
« elle tient l'enfant Jésus debout sur son bras, qui parfois
« la caresse, mais qui, le plus souvent, bénit comme un
« Dieu. Telle n'est point la Vierge de M. Legentil qui
« laisse flotter ses cheveux et qui laisse se dessiner les
« contours de sa gorge et de ses hanches. Nous incli-
« nerions à la croire d'origine méridionale, et nous aurions
« là un de ces rares spécimens de l'ivoirie italienne ou
« espagnole du Moyen-Age. »

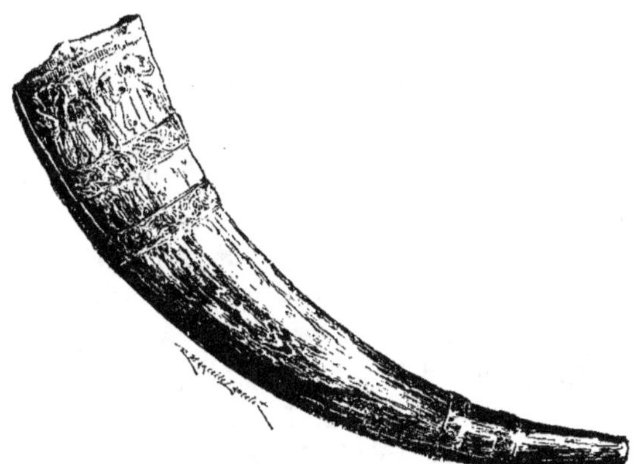

OLIFANT

2. CURIEUX IVOIRE du xiᵉ siècle, décoré près de
    l'embouchure et vers le bas de l'instrument, de
    plates-bandes avec dessins gravés en creux dans le

style oriental; sur le pavillon, une ronde d'animaux
fantastiques, cyprès et détails divers.

Longueur, 0m52.

ENFANT SOMMEILLANT

3. IVOIRE allégorique du commencement du xviie siècle,
attribué à François Flamand. Petite pièce de vitrine
d'une grande finesse d'exécution et d'un merveilleux modelé représentant un enfant sommeillant,
appuyé sur une tête de mort. Sous le prétexte
d'une charmante étude, le sculpteur des grâces de
l'enfance a voulu nous donner l'allégorie phyloso-
phique de la vie : naître et mourir.

FAIENCES

TERRE CUITE ET TERRES CUITES VERNISSÉES

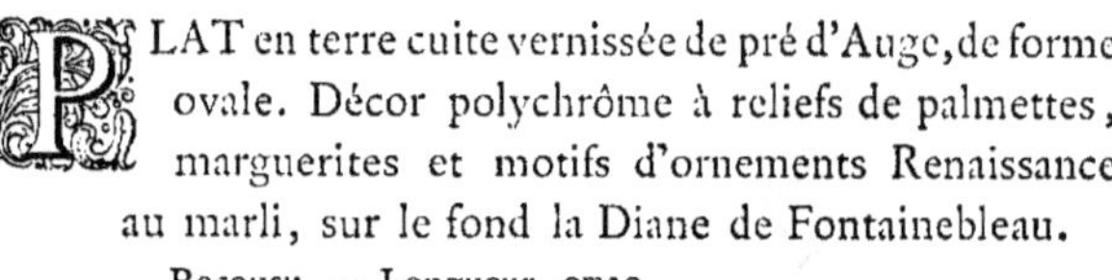

PLAT en terre cuite vernissée de pré d'Auge, de forme
ovale. Décor polychrôme à reliefs de palmettes,
marguerites et motifs d'ornements Renaissance
au marli, sur le fond la Diane de Fontainebleau.

Recousu. — Longueur, 0m30.

5. GRAND PLAT de forme ovale, terre cuite vernissée
de Pré-d'Auge, à émail stannifère. Décor polychrôme à reliefs de feuillages et gaudrons au marli,
sur le fond la scène biblique du lavement des pieds.

Pièce remarquable par le modelé et la beauté des émaux.
Écornures au-dessous. — Diamètre, 0m37.

6. TRÈS BEL ENCRIER en faïence de Saint-Clément;
en forme de cénotaphe adossé à une colonne

ionique engagée, œil de bœuf et nœud de guirlandes au-dessus; autour de la colonne, des
livres, rouleau de papier et balances; sur l'écritoire,
un cachet et un bâton de cire. Décor polychrôme de
guirlandes, attributs et motifs divers; rehauts d'or.

Écornure au godet de l'écritoire. — Longueur, 0m20.

7. TROIS BELLES ASSIETTES, faïence de Rouen,
    camaïeu bleu à réserves, d'époque Louis XIV,
    décor rayonnant de pendentifs imités de la ferron-
    nerie avec rosace centrale.

    Diamètre, 0m22. — A diviser.

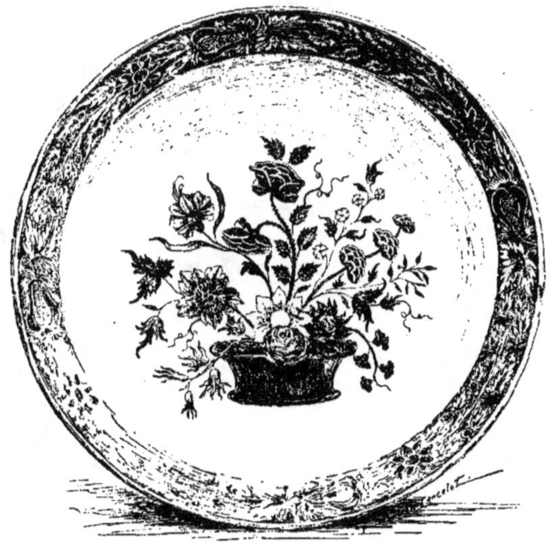

8. DEUX GRANDS ET BEAUX PLATS en faïence de
    Rouen, d'époque Louis XIV. Décor polychrôme

de grenades, fleurs et feuillages en réserve sur fond bleu au marli; riche corbeille de fleurs au centre.

Pièces remarquables par la vivacité des émaux et la pureté du dessin.

Diamètre, 0^m44. — A diviser.

9. GRANDE CUVETTE, forme violon, en faïence de Rouen; décor camaïeu bleu d'époque Louis XIV, lambrequins et pendentifs au pourtour et au bord supérieur; au fond, corbeilles de fleurs, quadrillés, guirlandes et motifs divers d'ornementation.

Longueur, 0^m86. — Fêlure.

10. DEUX JOLIS SABOTS en faïence de Rouen, décor polychrôme de fleurs et feuillage, époque Louis XV.

Longueur, 0^m17.

11. TRÈS BEAU CARTEL, faïence de Strasbourg, de forme chantournée et d'époque Louis XV, décor polychrôme de rose, de vert et bleu.

Écornure. — Hauteur, 0^m43.

12. TRÈS BEAU PLAT en faïence d'Urbino, à décor polychrôme et émaux à reflets changeants, représentant l'épisode biblique du Christ et de la Samaritaine.

Diamètre, 0^m27.

13. GRAND PLAT de faïence italienne, d'époque récente, en forme d'umbo; gaudronné au fond; décor

polychrôme représentant l'épisode mythologique d'Actéon changé en cerf.

Diamètre, 0m39. — Fêlé.

14. TERRE CUITE incomplète, du xviiie siècle, représentant Hercule terrassant Antée.

———

TABLEAUX

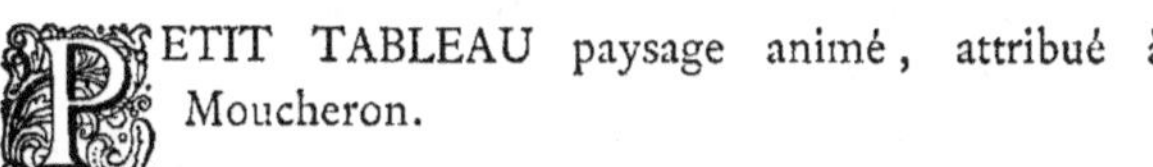

PETIT TABLEAU paysage animé, attribué à Moucheron.

16. TABLEAU de l'école italienne représentant un silène endormi, dans le fond un satyre.

17. PORTRAIT GENTILHOMME d'époque Louis XIV, avec cadre en bois sculpté et doré.

18. PORTRAIT de de Berge Depana peint par lui-même; au dos l'inscription : « de Berge Depana pinxit, le 13 Apvril 1690, âgé de 44 ans »; une main étrangère a ajouté : mort le 17 Août 1712.

Cadre sculpté et doré d'époque Louis XIV.

TAPISSERIE

AVID dansant et jouant de la lyre devant l'Arche, tapisserie de Flandre du xvᵉ siècle au monogramme I H. Le roi et trois joueurs d'instruments précèdent le tabernacle; dans les fonds, des pâtres, des troupeaux et des motifs d'architecture.

Bon état de conservation, mais pas de bordure.
Hauteur, 2ᵐ34; longueur, 2ᵐ50.

20. DEUX PORTIÈRES verdures avec oiseaux.

Restaurées. — Hauteur, 3ᵐ10.

21. BOURSE A QUÊTER brodée de fleurs de lys d'or sur fond de velours grenat; décorée d'un côté d'un riche écusson aux armes de France et Navarre, surmonté de la couronne royale; de l'autre côté les armes de la ville de Rouen entourées de lauriers.

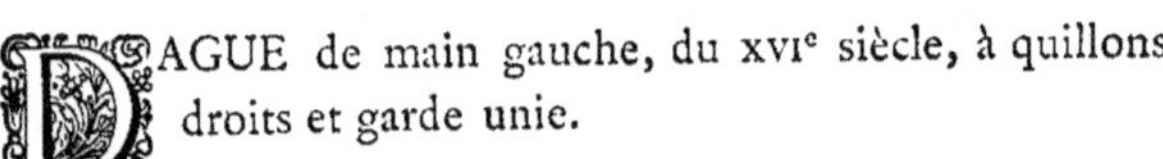

FERRONNERIE

AGUE de main gauche, du xviᵉ siècle, à quillons droits et garde unie.

23. BEAU POIGNARD du xviᵉ siècle à manche de corne rehaussé d'ornements d'argent, lame ajourée et gravée avec incrustations d'or et d'argent.

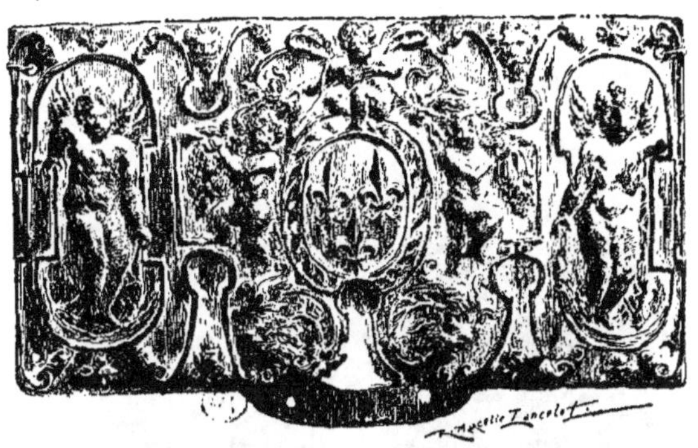

24. **TRÈS BELLE ENTRÉE DE SERRURE** en fer
repoussé et ciselé du XVIᵉ siècle, portant des traces
de dorure; plaque de forme rectangulaire allongée,
décorée de motifs d'architecture avec génies ailés,
cariatides, mascarons, guirlandes de fruits et les
armes royales de France au centre.

> Provenant du cabinet de Hyacinthe Langlois.
> Longueur, 0ᵐ22.

24 bis. **DEUX MERVEILLEUX VERROUS,** époque de la
Renaissance, fer ciselé à décor de griffons, satyres
engainés, cariatides, rinceaux et enroulements; dans
le style du château d'Ecouen.

> A diviser.

25. **TRÈS BEAUX CHENETS** à base triangulaire surmontée
de deux vases superposés; ornementation de gaudrons et mascarons aux angles, au centre de
l'embase et sur le pourtour des vases.

Travail flamand du XVIe siècle; l'un des chenets est dédoré
et en partie restitué.

Hauteur, 0^m56, ferrure comprise.

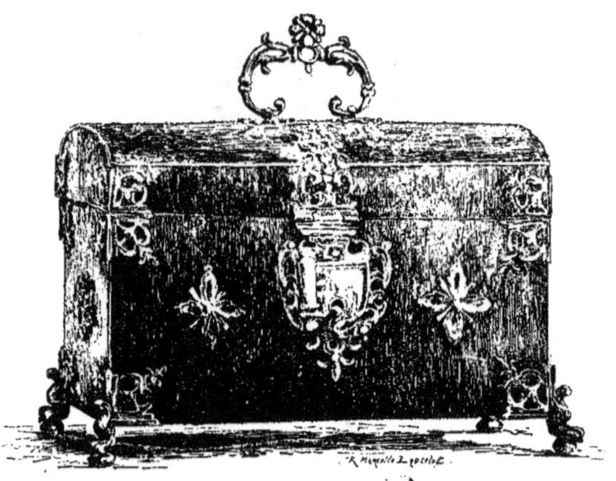

26. RICHE COFFRET en ~~émail~~, du XVIe siècle, en forme
de carré long avec couvercle arrondi en voûte.
Pieds composés de griffes appuyées sur des boules,
coins aux angles, fleurons et serrure à bosse sur le
devant, anse au couvercle; le tout en argent
martelé.

Longueur, 0^m13.

27. TRÈS FIN BAGUIER en argent filigranné du commencement du XVIIe siècle, décoré sur les côtés, les
deux faces et le couvercle de fins émaux retraçant
l'histoire d'un mariage princier de l'époque.

Travail génois. — Longueur 0^m.06.

28. COFFRET EN FER de forme carrée longue, décoré
de fines arabesques, avec compartiments renfermant
des personnages en costume lorrain.

> Travail du commencement du xviie siècle.
> Longueur, 0m18.

29. RICHE COFFRET à ouvrage, de forme carrée longue,
à couvercle surélevé, avec moulures formant des
compartiments et des cartouches au centre de chaque
panneau ; pièce lamée d'argent estampé sur toutes
les faces, à décor de paysages de goût flamand dans
les cartouches et motifs d'ornementation sur les
plates-bandes.

> Travail d'époque Louis XIV. — Longueur, 0m22.

MEUBLES
ET BOIS SCULPTÉS

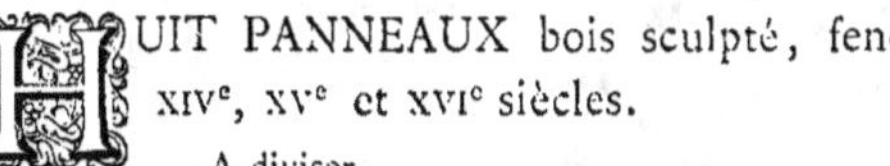 UIT PANNEAUX bois sculpté, fenestrages des
xive, xve et xvie siècles.
A diviser.

31. BEAU PANNEAU de meuble du xvie siècle ; composé
de deux chimères adossées supportant un mascaron,
au-dessus ornementation de feuillages et d'entrelacs.

32. GRAND ET BEAU BAHUT du commencement du
xvie siècle ; au centre une Diane et un cerf dans

un cartouche, à droite et à gauche des enfants
tenant des chiens en laisse, deux sphinx adossés
terminent le panneau. Des motifs d'ornementation
encadrent le sujet principal et décorent les deux
bouts. A l'un des angles, une Junon en demi-bosse
et à l'autre une Diane incomplète.

33. DEUX TRÈS BELLES PORTES d'époque Renaissance,
   avec panneaux représentant des éléments : la terre
   avec la corne d'abondance et l'air avec les vents et
   des animaux fantastiques, au-dessous deux beaux
   sphinx ailés.

   Hauteur, 0m59.

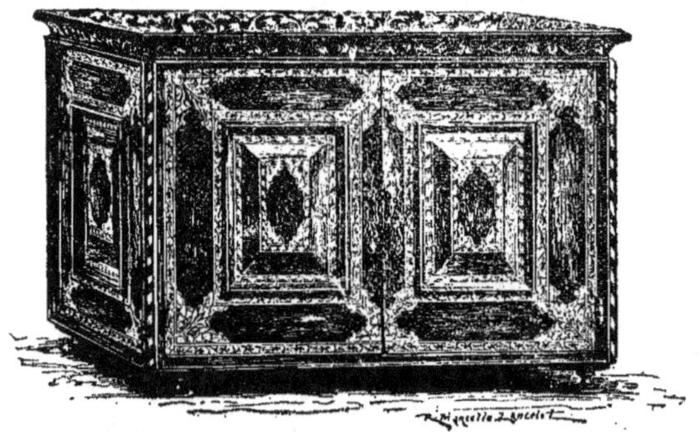

34. TRÈS BEAU COFFRE à dentelles, de forme rectangulaire allongée, à deux portes et à tiroirs intérieurs,
   avec rebords faisant galerie au-dessus ; décoré sur
   ses quatre faces : d'écaille, d'ébène, de plates-bandes

et de coins d'ivoire gravé formant panneaux; aux
angles et sur le pourtour de la galerie des incrustations d'ivoire.

Remarquable travail flamand du XVIᵉ siècle.
Longueur, 0ᵐ39.

35. MEUBLE à deux corps, à quatre portes et à colonnettes
du XVIᵉ siècle, dit Henri II; sur les portes : des
bas-reliefs représentant Vertumne, Pomone, Flore
et Cérès; entre les colonnettes, les portes et sous
la corniche, de fins motifs d'ornementation de la
Renaissance; clefs et ferrures du temps, incrustations de marbre.

Manque le couronnement.

36. CINQ PANNEAUX de meubles, du XVIᵉ siècle,
représentant des éléments.

A diviser.

37. QUATRE PANNEAUX, devants de bahuts, époque
de la Renaissance, à médaillon central représentant
une Cybèle entre deux Amphitrites couchées sur
des dauphins.

A diviser.

38. HAUT DE MEUBLE de la fin du XVIᵉ siècle, à colonnes
corinthiennes, à deux portes et à tiroirs.

Incomplet.

39. PORTE, côté et montant d'armoire du XVIᵉ siècle;
sur la porte, des reliefs simulant des dessins de
ferronnerie, au centre un mascaron.

40. DEVANT DE BAHUT italien; bois gravé avec arabesques et bel écusson central aux armes de France; dans des cartouches, des scènes du triomphe de Titus.

41. GLACE avec cadre flamand ébène et palissandre, d'époque Louis XIII.

42. QUATRE COLONNETTES torses, d'époque Louis XIII.

43. QUATRE TORSES, d'époque Louis XIII; deux provenant d'un lit, et deux autres de contre-table d'autel.

44. TRÈS BEAU SOUFFLET daté de 1764, avec riches motifs d'ornementation en relief, formant des armoiries à motifs religieux, surmontées d'une couronne de marquis.

45. DEUX CADRES en bois sculpté et doré d'époque Louis XIV.

46. STATUETTE en demi-bosse, bois doré représentant un évangéliste.

47. CHEMINÉE de la fin de l'époque Louis XIV, à ornementation de moulures, feuillages et pendentifs.

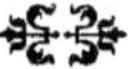

ROUEN — IMP. NOUVELLE PAUL LEPRÊTRE